# LE
# REPOS HEBDOMADAIRE

Le **PROGRÈS** a publié sur ce sujet, en dehors de son service d'informations, une série d'études et d'interviews :

**Le 23 Août** : *Entrevues* avec les représentants les plus autorisés des patrons boulangers, pâtissiers et confiseurs, coiffeurs, bouchers, etc.

**Le 24** — *Interviews* des Chambres syndicales ouvrières des boulangers, pâtissiers, charcutiers, limonadiers, etc.

**Le 25** — L'avis des garçons coiffeurs et du Syndicat des employés.

**Le 26** — *Interview de M. Alapetite*, préfet du Rhône, sur l'application de la loi.

**Le 27** — Enquête parmi les employés de l'alimentation.

**Le 28** — Les pharmaciens, les débitants de boissons, les coiffeurs.

**Le 29** — Les pâtissiers-confiseurs, coiffeurs, boulangers, charcutiers.

Le **PROGRÈS** continuera à donner à ses lecteurs au jour le jour, comme il l'a fait pour toutes les questions sociales et surtout pour les questions du travail, les indications les plus sûres et les nouvelles les plus récentes.

# PROJET DE LOI

## CONCERNANT

# LES ACCIDENTS DU TRAVAIL

### SURVENUS DANS LES

# ÉTABLISSEMENTS PÉNITENTIAIRES

### ET DANS LES

# ÉTABLISSEMENTS HOSPITALIERS

PARIS

55, Rue de Châteaudun, 55

—

1907

# PROJET DE LOI

CONCERNANT

## LES ACCIDENTS DU TRAVAIL

SURVENUS DANS LES

# ÉTABLISSEMENTS PÉNITENTIAIRES

ET DANS LES

# ÉTABLISSEMENTS HOSPITALIERS

PARIS

55, Rue de Châteaudun, 55

1907

PROJET DE LOI

concernant les accidents du travail survenus dans les établissements pénitentiaires et dans les établissements hospitaliers.

---

EXPOSÉ DES MOTIFS

I

Messieurs,

La question de l'application *aux détenus* travaillant dans les prisons,
de la législation sur les accidents du travail n'a pas cessé d'être l'objet,
depuis la mise en vigueur de la loi du 9 avril 1898 d'une assez vive con-
troverse. Si la jurisprudence s'accorde, en effet, à refuser aux détenus
le bénéfice du risque professionnel et à maintenir en ce qui les concerne
l'application pure et simple des règles de preuve et de responsabilité du
droit commun (1), la doctrine est divisée sur cette même question et l'un
des plus autorisés parmi les interprètes de la loi nouvelle professe que
tous les éléments de l'assujettissement, inscrits à l'article premier de
la loi du 9 avril 1898 en ce qui concerne les entreprises libres, se ren-
contrent théoriquement au cas de la main-d'œuvre pénale, quel que soit
le régime auquel cette dernière se trouve soumise (régie directe ou entreprise) (2).

Par contre, c'est à l'interprétation négative de la jurisprudence que
se rattache celle de l'administration de la justice (3) et c'est dans le
même sens de la non-application aux détenus du bénéfice de la loi du
9 avril 1898 que s'est prononcé le Comité consultatif des assurances
contre les accidents du travail dans son avis du 24 janvier 1900.

Les principaux arguments sur lesquels s'appuient ces deux inter-

---

(1) Trib. civ. Rouen, 27 décembre 1901 ; Trib. civ. Lille, 5 décembre 1902, conf. par
Douai, 9 mars 1903.

(2) Cabouat, *Traité des accidents du travail*, t. Ier, p. 276.

(3) Circulaire du garde des Sceaux du 10 juin 1899, chap. Ier, paragr. 1er.

prétations ont été à plusieurs reprises produits à la tribune de la Chambre.

M. Mirman, dans la discussion du budget du ministère de l'Intérieur, à la séance du 20 janvier 1902, et M. Julien Goujon, à celle du 4 février de la même année, ont successivement présenté la thèse de l'application aux détenus de la législation sur les accidents du travail.

Le Commissaire du Gouvernement, Directeur de l'Administration pénitentiaire, M. Louis Ricard, les ministres de l'Intérieur et du Commerce dénièrent, au contraire, que les détenus pussent, dans l'état actuel des textes, se réclamer du bénéfice de cette législation. A son tour, M. Engerand, au cours de la discussion de la proposition de loi de M. Mirman tendant à étendre à toutes les exploitations commerciales les dispositions de la loi du 9 avril 1898, a proposé (7 juin 1904) de viser explicitement dans la loi en préparation les « établissements pénitentiaires ». Il ne retira son amendement qu'après avoir obtenu du ministre du Commerce l'assurance qu'un projet de loi spécial aux accidents survenus dans les prisons, déjà en voie d'étude, serait à bref délai soumis au Parlement. Une nouvelle intervention de M. Engerand lors de la discussion du budget du ministère de l'Intérieur a abouti le 25 janvier 1906 au vote d'un projet de résolution ainsi conçu : « La Chambre invite le Gouvernement à déposer avant la fin de la législature un projet de loi étendant en principe à la main-d'œuvre pénitentiaire les dispositions de la loi du 9 avril 1898 sur les accidents du travail ».

Des observations échangées dès 1902, il résulte que la plupart des membres de la Chambre des députés estimaient que la loi du 9 avril 1898 ne pouvait être *de plano* et sans adaptation déclarée applicable au travail pénitentiaire; que différentes modifications devraient être apportées à plusieurs de ses dispositions essentielles, qui tiendraient compte des conditions particulières du travail en prison; qu'un projet devait être élaboré pour régler la question spéciale de la réparation des accidents du travail survenus dans les prisons.

Dans l'esprit de quelques-uns, il s'agissait d'une extension pure et simple du principe du risque professionnel, sous réserve de quelques particularités de mise en œuvre. D'autres, au contraire, envisageaient un régime particulier de réparation, fondé moins sur l'exercice d'un droit de la part du prisonnier que sur une obligation morale de la part de l'État et qui devrait se traduire par l'allocation d'un secours, non par le paiement d'une indemnité.

Le ministre du Commerce qui, antérieurement à l'intervention de M. J. Goujon, s'était mis en rapport avec l'Administration pénitentiaire pour obtenir d'elle les renseignements techniques indispensables à l'élaboration d'un projet destiné à régler la réparation des accidents survenus dans les prisons, constitua en ces conditions, par arrêté du 26 janvier 1903, une Commission interministérielle chargée d'étudier les difficultés relatives à l'application de la loi du 9 avril 1898 :

1° Dans les établissements pénitentiaires ;

2° Dans les établissements hospitaliers, où la question des accidents du travail dont peuvent être victimes les hospitalisés qui ne touchent point de salaire et qui ne sont liés à l'Administration par aucun contrat de travail présentait, à certains égards, des difficultés analogues.

Le système de l'extension à la main-d'œuvre pénale du risque professionnel fut combattu au sein de la Commission par les représentants de l'Administration pénitentiaire qui ne voulurent voir dans les accidents dont les détenus peuvent être victimes au cours de leur travail *qu'un risque particulier d'application de la peine*, susceptible, en équité, d'un simple dédommagement. Ils estimèrent que ce dédommagement lui-même ne pouvait être acquis que sous certaines conditions ; les actes de mutilation volontaire relevés dans les prisons à la charge des détenus leur parurent tout d'abord devoir exclure la réparation des accidents dus à une faute lourde des victimes ; la préoccupation de ne point assurer aux prisonniers et aux travailleurs libres une situation équivalente les conduisit d'autre part à proposer de n'accorder aux détenus blessés qu'une simple pension alimentaire, leur assurant la vie matérielle minima, étant entendu au surplus que si, à la sortie de prison, l'incapacité diminuait, la rente serait proportionnellement réduite.

La majorité de la Commission se rendit à cette manière de voir. Elle décida de ne point réparer les accidents dus à la faute lourde des victimes et de ne pas calculer l'indemnité, à l'exemple de la loi allemande, sur le salaire le plus bas des ouvriers libres exerçant l'industrie du détenu blessé. Elle se refusa cependant à pousser jusqu'à ses conséquences extrêmes le principe d'une indemnité purement alimentaire qui eût lié à la situation de fortune du détenu blessé l'attribution de l'indemnité, son quantum et son maintien.

La Commission admit, d'autre part, qu'au cas de mort du détenu victime d'accident, une indemnité pouvait être servie aux ayants droit. Enfin, elle décida que les indemnités seraient à la charge de l'employeur, c'est-à-dire à la charge de l'État au cas d'exploitation en régie et à celle de l'entrepreneur au cas de travail à l'entreprise.

En ce qui touche les règles de procédure et de compétence, la Commission s'accorda à suivre d'aussi près que possible les dispositions inscrites à la loi du 9 avril 1898, mais elle substitua pour l'attribution des indemnités à la juridiction ordinaire une juridiction spéciale statuant sommairement, sans frais et sans débats publics.

Sur deux des points qui précèdent, le Gouvernement, poursuivant une adaptation plus étroite des dispositions de la loi du 9 avril 1898 aux accidents du travail pénal, a cru pouvoir élargir les solutions qu'avait finalement admises la Commission. En ce qui touche tout d'abord la faute de la victime, l'exception de faute lourde a été écartée et la disposition de l'avant-projet la concernant remplacée par une disposition nouvelle reproduisant le principe de l'article 20 de la loi du 9 avril 1898 et suivant de très près ses dispositions. D'autre part, il n'a pas été donné suite à l'institution de la Commission arbitrale spéciale appelée par l'avant-projet à se substituer à la juridiction ordinaire en cas d'accidents survenus par le fait ou à l'occasion du travail pénal. En maintenant la compétence de droit commun du président du tribunal et du tribunal lui-même et en disposant qu'à défaut d'accord le tribunal statuerait en chambre du conseil, le projet tient compte d'ailleurs de la préoccupation légitime de l'Administration pénitentiaire d'écarter tout débat public, au cours de la détention, entre le détenu blessé et l'Administration ou l'entrepreneur responsables. Enfin le projet, comblant une lacune de l'avant-projet, prévoit l'application de l'ensemble des dispositions du titre IV de la loi du 9 avril 1898 relatif aux garanties, dans les conditions où la rend possible l'adaptation des titres I et II de ladite loi aux accidents du travail pénal.

Le projet du Gouvernement, sauf la réduction de 19 à 16 du nombre des articles de l'avant-projet relatif aux détenus, reproduit au surplus les divisions et la disposition adoptées par la Commission interministérielle. Un premier chapitre traite des indemnités dues en cas d'accidents, un second de la procédure, de la juridiction et des garanties.

Le chapitre premier, après avoir déterminé les conditions d'application du projet et spécifié qu'au cas de faute inexcusable de l'Administration ou de l'entrepreneur, l'indemnité majorée ne pourra dépasser le double du taux auquel elle aurait dû normalement être arbitrée, fixe les limites des indemnités alimentaires attribuables en dehors de l'hypothèse particulière de faute inexcusable de l'employeur ou de la victime.

Il est dû, aux termes de l'article 5 du projet et en cas d'incapacité permanente absolue, une indemnité annuelle variant entre 180 francs et 360 francs au maximum. Si l'incapacité est permanente partielle, l'indemnité ne pourra pas excéder annuellement 180 francs. Enfin, en cas d'incapacité temporaire, l'indemnité variera entre 0 fr. 50 et 1 franc par jour. Les indemnités pour incapacité permanente ne seront servies qu'après la libération définitive ou conditionnelle de la victime et les indemnités pour incapacité temporaire ne seront dues que lorsque l'incapacité de travail subsistera le quatrième jour après celui de la libération du blessé (art. 3). L'article 6 règle la situation des ayants droit en cas de mort du détenu. Il les écarte lorsqu'il serait établi qu'ils n'ont pas besoin de pension alimentaire. Sous cette réserve, les indemnités prévues sont : pour le conjoint, une rente égale au tiers de celle qui aurait été attri-buée à la victime en cas d'incapacité permanente absolue (soit une rente annuelle de 60 francs au minimum et de 120 francs au maximum); pour les enfants mineurs de 16 ans, orphelins de père *ou* de mère, une rente calculée sur la même base et variant, suivant leur nombre, entre 30 et 65 0/0 de la rente d'incapacité permanente absolue qu'eût touchée leur auteur; les enfants orphelins de père *et* de mère ont droit chacun mais sans que le total de ces prestations puisse excéder le montant de ladite rente, à 30 0/0 de la rente d'incapacité permanente absolue à laquelle eût eu droit leur père ou leur mère décédé. Enfin, le texte fixe à 15 0/0 de l'indemnité d'incapacité permanente absolue qu'aurait touchée la victime, la rente (viagère ou temporaire) de chacun des ascendants ou descendants, sans que le total des rentes ainsi allouées puisse dépasser 40 0/0; il spécifie que chacune de ces rentes sera, le cas échéant, réduite proportionnellement.

Indépendamment des indemnités ci-dessus prévues, l'État ou l'entrepreneur responsable supporte les frais funéraires jusqu'à concurrence de 100 francs et les frais médicaux et pharmaceutiques nécessités par l'accident, postérieurement à la libération des détenus, jusqu'à concurrence de la somme fixée par le juge de paix conformément au tarif prévu par le 2e alinéa de l'article 4 de la loi du 9 avril 1898 modifiée par celle du 31 mars 1905.

Lorsqu'après sa libératien et avant la consolidation de sa blessure la victime devra à raison de l'accident, être placée ou maintenue dans un hôpital, le projet exonère, pour cette période, l'employeur responsable du paiement de l'indemnité journalière. Il prive la victime de tout droit à indemnité, en cas de condamnations ultérieures, pendant toute la durée des nouvelles peines subies ou jusqu'à l'époque de leur prescrition.

Enfin le chapitre 1er du projet édicte pour les entrepreneurs, en cas de travail à l'entreprise, l'obligation de l'assurance et exclut en principe les détenus étrangers du bénéfice de ses dispositions.

L'assurance peut être contractée soit auprès d'une société d'assurance ou d'un syndicat de garantie régis par la loi du 9 avril 1898, soit auprès de la Caisse nationale d'assurance en cas d'accidents, dont les opérations sont expressément étendues à cet effet (art 9).

La procédure est réglée par le projet sur les bases de la loi du 9 avril 1898. A cet égard, l'article 11 prévoit à la charge de l'Administration pénitentiaire et concurremment, en cas de travail à l'entreprise, à la charge de l'entrepreneur, l'obligation de la déclaration au juge de paix du canton où est situé l'établissement de tout accident ayant entraîné la mort ou une incapacité de travail; un certificat médical analogue au certificat prévu par l'article 11 de la loi du 9 avril 1898 accompagnera la déclaration de l'Administration. La déclaration d'accident pourra être faite dans les mêmes conditions par les représentants de la victime.

Le juge de paix ainsi saisi doit, dans les vingt-quatre heures de la réception de la déclaration ou du certificat médical, se transporter à la prison pour y procéder à une enquête contradictoire, portant sur les divers points spécifiés à l'article 12 de la loi du 9 avril 1898 et conduite dans les formes prévues aux paragraphes 3, 4 et 6 de l'article 13 de ladite loi. L'article 13 du projet déclare formellement applicable aux accidents du travail pénal l'ensemble des dispositions du titre III de la loi du 9 avril 1898, sous réserve de deux dispositions spéciales visant l'une la transmission d'office par le juge de paix au président du tribunal du dossier de l'enquête, et la seconde l'intervention du tribunal en chambre du conseil lorsqu'il y a contestation en cours de détention sur l'attribution de l'indemnité entre la victime et l'Administration ou l'entrepreneur. Le prononcé du jugement aurait seul lieu en audience publique, ainsi que les débats qui pourraient être postérieurs à la sortie de prison. L'article 14 spécifie, d'autre part, que toute décision fixant une rente d'incapacité permanente indiquera le degré d'invalidité que l'accident aura fait subir à la victime. L'absence de salaire, en écartant l'application intégrale des prescriptions du deuxième alinéa de l'article 16 de la loi du 9 avril 1898, appelle cette indication pour la détermination du capital représentatif des rentes et leur constitution à la Caisse nationale des retraites dans les conditions fixées au deuxième alinéa de l'article 15 du projet, qui déclare lui-même applicable aux accidents du travail pénal la disposition du deuxième alinéa de l'article 28 de la loi du 9 avril 1898.

II

En ce qui touche l'application de la législation des accidents du travail aux établissements publics *d'assistance*, le projet reproduit purement et simplement le texte en quatre articles élaboré pour ces établissements par la Commission interministérielle.

L'article 17 pose tout d'abord le principe de l'assujettissement des établissements hospitaliers à la responsabilité de la législation sur les accidents du travail, dans les cas que détermine cette législation, pour le personnel qu'ils emploient ; au regard des hospitalisés occupés, fût-ce momentanément, par ces mêmes établissements comme ouvriers ou employés, il admet certains tempéraments spécifiés aux trois articles suivants.

Ces tempéraments visent tout d'abord le mode de calcul des indemnités qui sont fixées sur le salaire le plus bas généralement attribué dans la région pour le travail à la suite ou à l'occasion duquel l'accident s'est produit. La Commission, faisant état des résultats de statistiques récentes, a retenu qu'il faut en moyenne le travail de quatre hospitalisés pour accomplir la tâche d'un ouvrier valide, que les hospitalisés ne travaillent souvent que quelques heures par jour, que leur besogne est, le plus souvent, moins un travail proprement dit qu'un moyen curatif et un mode de traitement et que ces travailleurs sont, en règle, des malades ou des aliénés, ordinairement maladroits, et dont le travail, par suite, présente des risques particuliers.

Si le projet n'a point établi de distinction à cet égard entre l'aliéné ou le vieillard hospitalisé et le convalescent, qui peut être un ouvrier à salaire élevé, c'est parce que l'emploi des convalescents dans les établissements publics d'assistance est l'exception et qu'il était à craindre que l'éventualité du paiement d'indemnités onéreuses en ce qui les concerne conduisît certains directeurs d'établissements à laisser inemployés, au préjudice de leur santé ou de leur prompt rétablissement, leurs pensionnaires de cet ordre.

La distinction entre les hospitalisés pour cause de vieillesse et les hospitalisés atteints d'infirmité ou de maladie incurable, d'une part, et les hospitalisés malades ou convalescents, de l'autre, est faite tout au contraire par l'article 19 qui ne réserve en cas de mort les indemnités de la loi du 9 avril 1898 qu'aux seuls ayants droit des hospitalisés de cette seconde catégorie; ceux-là seulement pouvaient compter en effet sur le travail et le salaire de la victime.

Enfin, trois nouvelles dérogations aux dispositions de la loi du 9 avril 1898 sont formulées à l'article 20 qui spécifie que les soins médicaux et pharmaceutiques seront directement assurés par l'établissement d'assistance pendant tout le cours de l'hospitalisation, et que, pendant le même temps, sans avoir droit à l'indemnité journalière, les victimes d'accidents, s'il y a eu attribution de rente en leur faveur, ne recevront que le tiers des arrérages qui leur auront été alloués.

Telles sont, Messieurs, dans leurs grandes lignes, les deux parties du projet que le Gouvernement a l'honneur de soumettre à votre examen. Il ne doute point que le Parlement ne veuille le prendre pour base de ses travaux et ménager ainsi à bref délai à ces deux nouvelles catégories d'intéressés le bénéfice de la législation sur les accidents du travail, dans la mesure où il paraît pouvoir leur être étendu.

# PROJET DE LOI

## TITRE PREMIER
### Établissements pénitentiaires.

### CHAPITRE PREMIER
*Indemnités en cas d'accidents.*

#### ARTICLE PREMIER.

Une indemnité est due, sous les conditions et dans les limites ci-après déterminées, soit aux détenus victimes d'accidents survenus par le fait ou à l'occasion du travail pénal, soit à leurs ayants droit.

#### ART. 2.

Aucune indemnité ne peut être attribuée à la victime qui a intentionnellement provoqué l'accident.

L'indemnité peut être réduite si l'accident est dû à la faute inexcusable de la victime.

Dans les deux cas, la charge de la preuve imcombe à l'employeur.

Lorsqu'il est prouvé que l'accident est dû à la faute inexcusable de l'employeur ou de celui qu'il s'est substitué dans la direction, l'indemnité pourra être majorée, sans que cette majoration puisse la porter au delà du double du taux auquel elle aurait été fixée suivant les cas considérés.

#### ART. 3.

Les indemnités prévues par la présente loi ne sont dues que lorsque l'incapacité de travail déterminée par l'accident survit à la libération définitive ou conditionnelle de la victime pour une durée excédent quatre jours et à partir de l'une ou l'autre de ces libérations seulement.

#### ART. 4.

Les détenus étrangers sont exclus du bénéfice de la présente loi, à moins que leur pays d'origine n'ait garanti par un traité des avantages équivalents à nos nationaux.

## Art. 5.

Si l'accident a déterminé une incapacité absolue et permanente, l'indemnité annuelle attribuée à la victime n'excédera pas 360 francs et ne sera pas inférieure à 180 francs.

Si l'incapacité de travail est partielle et permanente, le chiffre de l'indemnité annuelle sera fixé par le président du tribunal ou par le tribunal sans pouvoir être porté au-dessus de 180 francs.

En cas d'incapacité temporaire, l'indemnité consistera en une allocation journalière de 0 fr. 50 au moins et de 1 franc au plus, servie pendant toute la durée de l'incapacité postérieure à la libération.

## Art. 6.

Lorsque l'accident est suivi de mort, une pension est servie dans les conditions suivantes aux personnes ci-après désignées, sauf le cas où il sera établi qu'elles n'ont pas besoin d'une pension alimentaire :

A. — Une rente viagère égale au tiers de celle qui aurait été attribuée à la victime au cas d'incapacité de travail absolue et permanente pour le conjoint survivant non divorcé ou séparé de corps, à la condition que le mariage ait été contracté antérieurement à l'accident. En cas de nouveau mariage, le conjoint cesse d'avoir droit à la rente mentionnée ci-dessus; il pourra lui être alloué, dans ce cas, le triple de cette rente à titre d'indemnité totale.

B. — Pour les enfants, légitimes ou naturels reconnus avant l'accident, orphelins de père ou de mère, âgés de moins de 16 ans, une rente calculée d'après l'indemnité qui aurait été attribuée en cas d'incapacité absolue et permanente, à raison de 30 0/0 de cette indemnité s'il n'y a qu'un enfant, de 40 0/0 s'il y en a deux, de 50 0/0 s'il y en a trois et de 65 0/0 s'il y en a quatre ou un plus grand nombre.

Si les enfants sont orphelins de père et de mère, la pension sera de 30 0/0 pour chacun d'eux, sans que le total puisse excéder le montant de l'indemnité.

C. — Si la victime n'a ni conjoint, ni enfant, dans les termes des paragraphes A et B, chacun des ascendants et des descendants qui étaient à sa charge, recevra une rente qui ne sera payable que jusqu'à 16 ans pour les descendants. Cette rente sera égale à 15 0/0 de l'indemnité qu'aurait touchée la victime en cas d'incapacité absolue et permanente, sans que le montant total des rentes ainsi allouées puisse dépasser 40 0/0.

Chacune des rentes prévues par le paragraphe C est, le cas échéant, réduite proportionnellement.

Les rentes constituées en vertu de la présente loi sont payables par trimestre; elles sont incessibles et insaisissables.

## Art. 7.

Les indemnités ci-dessus prévues sont dues par l'employeur, c'est-à-dire par l'État lorsque le travail sera exécuté par voie de régie, par l'entrepreneur lorsque le travail sera exécuté par voie d'entreprise.

## Art. 8.

L'État ou l'entrepreneur, suivant les cas, supportent en outre, en cas de décès résultant de l'accident, les frais funéraires, qui ne pourront pas excéder 100 francs.

Ils supportent aussi les frais médicaux et pharmaceutiques nécessités par l'accident postérieurement à la libération définitive ou conditionnelle jusqu'à concurrence de la somme fixée par le juge de paix, conformément au tarif prévu par le deuxième alinéa de l'article 4 de la loi du 9 avril 1898.

Lorsque, après la libération, la victime devra être placée ou maintenue dans un hôpital en raison de l'accident, les frais d'entretien et de traitement, évalués conformément au tarif visé au troisième alinéa dudit article, seront supportés par l'employeur qui sera, pendant toute la durée de l'hospitalisation, exonéré du paiement de l'indemnité prévue au paragraphe 3 de l'article 5 de la présente loi.

## Art. 9.

Dans le cas de travail à l'entreprise, les entrepreneurs seront tenus de justifier, préalablement à tout travail, d'une assurance contractée soit auprès d'une société d'assurance ou d'un syndicat de garantie régis par la loi du 9 avril 1898, soit auprès de la Caisse nationale d'assurance en cas d'accidents, dont les opérations sont étendues dans les conditions spécifiées à l'article premier de la loi du 24 mai 1899, aux risques visés par la présente loi.

### ART. 10.

Lorsque la victime d'un accident, bénéficiaire d'une indemnité alimentaire suivant les dispositions de la présente loi, sera ultérieurement condamnée de nouveau une ou plusieurs fois à une peine privative de la liberté, ladite indemnité cessera de lui être servie pendant toute la durée des nouvelles peines subies ou jusqu'à l'époque de leur prescription. Les arrérages des rentes constituées à la Caisse nationale des retraites pour la vieillesse, seront alors tenus à la disposition des débi-rentiers qui en adresseront la demande, appuyée des justifications nécessaires, sans que cependant ils puissent réclamer les arrérages déjà payés antérieurement à cette demande.

## CHAPITRE II

*Procédure. — Juridiction. — Garanties.*

### ART. 11.

Tout accident survenu dans une prison par le fait ou à l'occasion du travail pénal et ayant entraîné la mort ou une incapacité de travail doit être déclaré dans les quarante-huit heures au juge de paix du canton, qui en dresse procès-verbal.

Cette déclaration sera faite dans tous les cas par le Directeur, quand il s'agit d'un établissement directement administré par un fonctionnaire de cet ordre, ou par le gardien-chef quand il s'agit de toute autre prison et, en outre, quand le travail est fait à l'entreprise, par l'entrepreneur ou son représentant sur place.

Cette déclaration doit contenir les noms et adresses des témoins. Il y est joint, par les soins de l'Administration, un certificat médical indiquant l'état de la victime, les suites probables de l'accident et l'époque à laquelle il sera possible d'en connaître le résultat définitif. La déclaration d'accident pourra être faite dans les mêmes conditions par les représentants de la victime.

Quelle qu'en soit la provenance, il en sera donné récépissé, ainsi que du certificat médical.

### ART. 12.

Dans les vingt-quatre heures de la réception de la déclaration et du certificat médical, le juge de paix se transporte dans la prison et procède à une enquête contradictoire à l'effet de rechercher :

Prix.



## VI. — Brochures sur l'Assurance contre les Accidents du Travail.

## VII. — Retraites ouvrières. — Assurance contre l'Invalidité et la Vieillesse.

Prix.

Rapport sur les retraites ouvrières en Allemagne adressé à M. le ministre du Commerce, de l'Industrie, des Postes et des Télégraphes, par E. Fuster. 1901, 1 br. de 22 pages, in-8°. . . . 1 50

La question des retraites ouvrières en Belgique, par Charles Dejace, professeur à l'Université de Liège. 1900, 1 br. de 19 pages, in-8°. . . . . . . . . . . . . . . . . . 0 50

Les pensions de vieillesse en Belgique. Exécution de la loi du 10 mai 1900, par M. Jean Dubois. 1902, 1 br. de 16 pages, in-8°. . . . . . . . . . . . . . . . . . . . . . . 0 50

Rapport sur le projet de loi et les diverses propositions de loi sur les Caisses de retraites ouvrières et proposant la création de Caisses régionales de retraites d'invalidité et d'assurance au décès au profit des travailleurs, par M. P. Guieysse, député. 1900, 1 br. de 100 pages, in-8°. . . . . . . . . . . 2 »

Rapport supplémentaire de M. P. Guieysse. 1901, 1 br. de 30 pages, in-8° . . . . . . . . . . . . . . . . . . 1 »

Les retraites ouvrières, rapport fait au nom de la commission d'assurance et de prévoyance sociales de la Chambre des députés par M. P. Guieysse (décembre 1904), 1 vol. 194 pages, in-8°. . . . . . . . . . . . . . . . . . . . . . . 3 »

Les Caisses de secours et de pensions des 5 principales compagnies de chemins de fer suisses (texte en français et en allemand), par M. R. Leubin. 1902, 1 br. de 32 pages, in-8°. . 1 »

Du fonctionnement de l'assurance contre l'invalidité et la vieillesse en Allemagne, par M. Bödiker. 1894, 1 br. de 16 pages, in-8°. . . . . . . . . . . . . . . . . . . . . . . 0 50

La Caisse nationale de prévoyance pour l'invalidité et pour la vieillesse des ouvriers en Italie (loi du 17 juillet 1898). 1900, 1 br. de 10 pages, in-8°. . . . . . . . . . . . . . . . . 0 50

Développement de la Caisse nationale de prévoyance pour l'invalidité et pour la vieillesse des ouvriers en Italie, par M. le Commandeur Magaldi. 1902. 1 br. de 8 pages, in-8°. . . . . 0 50

Projet d'association pour le placement des invalides du travail. 1891, 1 br. de 12 pages, in-8°. . . . . . . . . . . . . . 0 50

Influence des établissements d'assurance-accidents et invalidité sur le traitement médical, par M. Charles Kœgler, conseiller du Gouvernement, directeur de l'établissement d'assurance-accidents pour les ouvriers de la Basse-Autriche, à Vienne. 1900, 1 br. de 19 pages, in-8°. . . . . . . . . . . . . . 0 50

Projets de loi formulés par la commission parlementaire nommée en date du 13 juillet 1894 par le Storthing norvégien :
*a)* Projet de loi sur l'assurance contre l'invalidité et la vieillesse rendue obligatoire pour le peuple norvégien ;
*b)* Avant-projet d'une loi sur l'assurance contre la maladie, la vieillesse, l'invalidité et les accidents. 1900, 1 br. de 42 pages, in-8°. . . . . . . . . . . . . . . . . . . . . . . 0 50

Du traitement médical des ouvriers assurés contre les accidents et contre l'invalidité en Allemagne, par M. Alwin Bielefeldt, conseiller intime à l'Office impérial des assurances sociales, à Berlin. 1900, 1 br. de 25 pages, in-8°. . . . . . . . . . . 0 50

www.ingramcontent.com/pod-product-compliance
Lightning Source LLC
LaVergne TN
LVHW010111060726
842524LV00006B/2458